BIBLIOTHÈQUE PÉDAGOGIQUE

LA
RESPONSABILITÉ
DES INSTITUTEURS

PAR

Paul BEURDELEY

AVOCAT A LA COUR DE PARIS
MAIRE DU VIII° ARRONDISSEMENT

PARIS
LIBRAIRIE CH. DELAGRAVE
15, RUE SOUFFLOT, 15

1892

AU LECTEUR

Le déplorable incident de Fontenay-sous-Bois qu'on trouvera relaté plus loin ainsi que le jugement malencontreux du tribunal correctionnel de la Seine qui l'a suivi, frappant contre toute pré-vision un instituteur de réparations civiles, ont donné naissance à ce petit ouvrage.

Jusqu'à ce jour la responsabilité des instituteurs telle qu'elle a été réglée par l'article 1384 du code civil n'avait guère soulevé d'objections. — Il est vrai que dans ces dernières années M. Gustave Lejeal et M. Vaquez, adjoint au maire du xvi° arrondissement de Paris, avaient signalé la rigueur parfois excessive de la loi et de la jurisprudence en ce qui concerne la responsabilité des instituteurs [1].

L'émotion causée par le jugement du 23 janvier 1892, qui a été si vive dans le monde de l'enseignement, n'a pas trouvé l'Administration de l'Instruction publique indifférente. Le Ministère s'est préoccupé de la question mise à l'ordre du jour par les journaux pédagogiques. Il nous a fait l'honneur de nous demander

---

1. *Annuaire de l'enseignement primaire public*, par M. Jost, inspecteur général de l'Instruction publique : « La responsabilité civile de l'instituteur », article de M. Gustave Lejeal, année 1887.

Rapport de M. Léon Vaquez à la Société pour l'étude des questions d'enseignement primaire (Extrait du Bulletin du 15 nov. 1887) : « De la responsabilité des maîtres en cas d'accidents survenus aux enfants dont ils ont la garde. »

un avis sur le point du droit; nous croyons pouvoir être utile aux instituteurs en publiant aujourd'hui cette consultation qui, avec quelques additions, forme un petit traité sur les responsabilités qui leur incombent.

Nous inspirant du désir qui nous avait été exprimé par M. le Directeur de l'Enseignement primaire, après avoir donné une idée générale de la responsabilité civile, nous avons examiné les cas de responsabilité très nombreux qui peuvent se présenter, nous avons essayé de donner une classification et nous avons joint à ce travail les documents justificatifs.

Nous ne nous sommes pas proposé de rassurer de parti pris les instituteurs. Il ne s'agissait pas de les flatter, encore moins de les tromper. Nous leur avons parlé le langage sévère du droit.

Ils sont responsables de leurs actes comme tous les citoyens, plus strictement encore à cause de leurs devoirs spéciaux et de la confiance qui leur est accordée. Ils sont responsables du fait des enfants qu'ils ont sous leur garde comme le père de famille ; — cependant on ne saurait exiger plus d'eux que d'un père de famille, et il convient de tenir compte des difficultés de la surveillance à raison du nombre d'enfants qui leur sont confiés.

La responsabilité du fait des instituteurs adjoints et des serviteurs gagés de l'école ne leur incombe pas, à moins que par un ordre spécialement donné ou par un fait de négligence ils aient engagé leur responsabilité personnelle.

Réduite à ses proportions exactes cette responsabilité est encore lourde; elle est exceptionnelle en ce qui touche le fait des enfants, l'article 1384 établissant une présomption de faute du maître et mettant à sa charge la preuve de sa vigilance.

C'est sur ce point que les réclamations se sont produites.

On a demandé que l'Etat fût substitué à l'instituteur public comme civilement responsable.

Il nous paraît impossible de décharger l'instituteur de cette responsabilité. Elle existe au même titre que celle du père de famille et que celle du patron en ce qui concerne les faits de leurs enfants et de leurs apprentis. Elle s'applique sans distinction à tous les instituteurs.

Il ne nous apparaît pas que l'instituteur public ait cessé d'être responsable du fait de ses élèves depuis que l'école est devenue obligatoire et nous n'avons admis à cet égard aucune distinction entre l'école publique et l'école privée. En l'absence du père de famille, il faut qu'il y ait une personne responsable ; c'est là une garantie sociale qu'il importe de sauvegarder.

Mais il importe aussi que la loi ne frappe que ceux qui ont réellement commis une faute. L'Administration doit faire en sorte de ne pas exposer les instituteurs à des responsabilités et leurs justifications doivent être accueillies avec bienveillance par les tribunaux. Aussi avons-nous d'une part préconisé les écoles de répression [1] ; d'autre part il nous a semblé juste de demander à l'Administration d'intervenir en faveur de l'instituteur qui serait condamné à des dommages-intérêts sans qu'aucune faute ait été établie contre lui, mais alors qu'il n'a pas pu faire la preuve de cette absence de faute.

Mais c'est surtout aux tribunaux qu'il appartient de tempérer la rigueur de l'article 1384 du code civil par une application large et vraiment intelligente de la loi. Ils ne sont pas tenus ici à

---

1. M. Henri Joly, dans un rapport adressé au Ministre de l'Instruction publique sur les enfants vicieux à l'école, a demandé la création d'une sorte de tribunal administratif qui déciderait de leur placement dans des écoles spéciales. M. Joly a également publié divers articles très documentés dans la Revue *le Correspondant* (nos du 10 octobre 1891 et suivants), sur la *question des enfants*. On y trouvera l'exposé de son système qui consiste « à substituer à des écoles spéciales où l'on enverrait les enfants vicieux et qui deviendraient une sorte de forteresse du vice et du délit, une sorte de petit tribunal scolaire qui, devant les enfants, devant les parents et devant ceux qui trop souvent les soutiennent, eût une autorité indiscutable ». Ce tribunal serait composé du directeur, du maître de la classe et de deux membres étrangers à l'école, soit deux membres de la délégation cantonale. L'inspecteur primaire aurait droit d'assister et de présider. La juridiction de ce tribunal s'exercerait sur les actes commis par les enfants, soit dans l'école, soit même dans les rues. — Les peines seraient la privation de la gratuité de la cantine scolaire, certaines corvées à faire dans l'intérieur de l'école pendant les jours de sortie, l'internement dans une cellule au pain et à l'eau ; enfin ce tribunal pourrait provoquer l'envoi des enfants dans une maison correctionnelle.

une interprétation étroite comme en matière pénale. Il leur appartient de tenir compte des circonstances et des possibilités, — des conditions matérielles de l'installation des écoles et des conditions de la surveillance. Les maîtres ne sauraient être rendus responsables d'accidents qu'il leur a été visiblement impossible de prévoir ou d'empêcher.

Lors de la discussion de l'article 1384, Treilhard disait : « Ceux à qui cette responsabilité est imposée ont à s'imputer pour le moins les uns la faiblesse, les autres le mauvais choix, tous la négligence, heureux encore si leur conscience ne leur reproche pas d'avoir donné de mauvais exemples. »

Il semble bien résulter de là que s'il est démontré qu'il n'y a eu ni faiblesse, ni mauvais choix, ni négligence, ni mauvais exemple, il ne saurait y avoir de responsabilité.

En réalité, la responsabilité du fait d'autrui de l'article 1384 n'est qu'une extension du principe de la responsabilité personnelle. La raison de cette responsabilité est que certaines personnes doivent veiller sur la conduite d'autres individus qui leur sont subordonnés à divers titres et empêcher le dommage que l'inexpérience ou la malice pourraient leur causer. Mais c'est toujours la responsabilité personnelle : il y a faute d'imprudence ou de négligence lorsque l'on n'a pas surveillé l'agent du dommage ; d'autre part, s'il n'y a pas d'imprudence ou de négligence, il n'y a pas de faute, partant pas de responsabilité. Lors donc que l'article 1384 exige que l'instituteur pour se décharger de sa responsabilité prouve qu'il n'a pu empêcher le fait qui donne lieu à cette responsabilité, il devra suffire que celui-ci prouve qu'il n'a pas manqué à son devoir de prudence et de vigilance.

Sans doute, il serait désirable que la présomption de faute n'existât pas contre l'instituteur et que celui-ci ne fût pas dans la nécessité de prouver qu'il est à l'abri de tout reproche. Mais cette preuve elle-même n'est pas impossible, surtout si les juges veulent la faciliter. C'est au surplus la doctrine à laquelle s'est ralliée la Cour de Paris dans l'affaire de Fontenay-sous-Bois.

Nous ne croyons pas qu'il soit nécessaire de réclamer ici d'une façon bien spéciale la bienveillance de la Justice pour les instituteurs. Les tribunaux peuvent se convaincre facilement par leur expérience journalière qu'en dehors de toute menace de pénalité, les instituteurs ont le sentiment de leurs devoirs professionnels, qu'ayant charge d'âmes ils savent quelle surveillance et quel contrôle ils ont à exercer. Leur conscience le leur dit assez haut. C'est à raison même de leur tâche lourde et difficile que leur emploi est honoré et que l'estime publique leur est acquise. S'ils ont dans l'État une place exceptionnelle, c'est parce que leur mission est particulièrement délicate, c'est aussi parce que l'on sait qu'entre tous les citoyens ils ont un souci plus constant et plus exact de leur responsabilité.

Paris, 22 septembre 1892.

LA
RESPONSABILITÉ
DES INSTITUTEURS

La question de la responsabilité des instituteurs n'est nullement nouvelle. Elle a été réglée en 1804 par le chapitre ii du titre IV du livre III du Code civil; les auteurs et la jurisprudence en ont depuis longtemps déterminé la nature et l'étendue. Il a fallu qu'un jugement du tribunal civil de la Seine vînt tout à coup faire une application nouvelle, jugée excessive et antijuridique par la cour de Paris, de l'un des paragraphes de l'article 1384, pour que la responsabilité des instituteurs devînt une question du jour.

Un juste émoi s'est produit dans le monde des instituteurs; les journaux pédagogiques se sont fait l'écho de leurs réclamations, et la presse quotidienne a saisi l'opinion publique.

Dans ce concert de protestations, plusieurs idées de réforme ont été émises qui méritent un examen sérieux.

Cet examen, nous le ferons en lieu et place dans l'exposé d'ensemble que nous nous proposons à notre tour de faire des principes de droit qui règlent la responsabilité des instituteurs. Nous insisterons plus particulièrement sur l'incident de Fontenay-sous-Bois, pour réfuter avec la cour de Paris la théorie du tribunal de la Seine qui, heureusement, n'a pas pris place dans notre jurisprudence. Ce travail permettra à nos instituteurs de se rendre plus exactement compte des limites de leur responsabilité. Peut-être, même après l'arrêt de la cour de Paris, contribuera-t-il à les rassurer.

La règle de notre droit civil est que tout homme est responsable de sa faute, mais seulement de sa faute. Par exception, certaines personnes sont responsables du fait d'autrui : ainsi les parents sont responsables du fait de leurs enfants; les commettants sont responsables du fait de leurs préposés; les artisans sont responsables du fait de leurs apprentis, et les instituteurs du fait des enfants qui leur ont été confiés.

Nous avons donc à examiner la responsabilité que peut encourir l'instituteur : soit de son fait personnel; soit du fait de ses préposés; soit du fait de ses élèves.

On entend par *instituteur* toute personne chargée d'une manière permanente, à quelque titre que ce soit, de l'éducation ou de la surveillance d'enfants ou de jeunes gens. Le maître qui se borne à donner quelques heures de leçons pendant une ou plusieurs heures de la journée n'est pas un instituteur [1].

I. — *Responsabilité du fait personnel.*

Comme tout homme, l'instituteur est responsable de son fait personnel — toutes les fois qu'il a commis une faute. Il est à ce titre exposé à des réparations pécuniaires.

Aux termes des articles 1382 et 1383, cette faute peut consister soit dans un fait positif : une imprudence; soit dans un fait négatif : une négligence ou une omission [2].

Nous n'avons à retenir ici que les fautes que les instituteurs peuvent commettre dans leurs rapports avec leurs élèves; nous ne nous occupons que de ce qui est spécial à leur fonction d'instituteurs.

Une remarque doit être faite tout d'abord.

La situation des instituteurs au point de vue de la responsabilité professionnelle est exceptionnellement favorable, en ce sens que l'objet principal de leur office échappe aux responsabilités. Ils ne sont pas responsables de leur enseignement comme les médecins peuvent l'être de leur traitement et les chirurgiens de leurs opérations, comme les pharmaciens des remèdes qu'ils délivrent. A cet

---

1. Il résulte du texte de la loi, de la doctrine et de la jurisprudence que le mot *instituteur* s'applique également aux maîtres de l'enseignement primaire et de l'enseignement secondaire publics ou privés.

« Le principal d'un collège est, comme l'instituteur, civilement responsable du dommage causé par ses élèves pendant qu'ils sont sous sa surveillance. (Paris, 6 fév. 80; Dalloz, Périodique 81. 2. 81), ou des actes dommageables accomplis par le professeur du collège vis-à-vis d'enfants reçus dans cet établissement (Douai, 13 janv. 80; D. P. 81. 2. 81-83). — Mais de même que l'instituteur, il est admis à prouver qu'il n'a pu prévenir ou empêcher le fait dommageable (Arrêts précités).

2. Voir les textes aux annexes du volume.

égard, ils sont couverts par le programme qui leur est imposé et qu'ils n'ont pas à discuter.

Au point de vue de la discipline et de l'ordre intérieur, ils sont instruits et guidés par les règlements administratifs et couverts par leur application.

Cependant il est un certain nombre de points sur lesquels nous croyons utile d'appeler leur attention ; ce sont les suivants :

1º Voies de fait exercées sur les enfants ;

2º Accident arrivé à l'enfant par suite d'objets dangereux laissés à sa disposition ;

3º Accident arrivé à l'enfant par suite de défaut d'entretien du local ;

4º Maladie contagieuse transmise à l'enfant à l'école ;

5º Mauvaise volonté du maître à l'égard de l'enfant. — Refus de l'instruire, de le récompenser, de le présenter à un examen.

Voies de fait. — Les règlements interdisent d'une façon absolue toute voie de fait contre les enfants. Cependant il peut se produire qu'un maître se laisse entraîner à infliger une légère correction manuelle à un élève, et qu'une plainte soit portée devant les tribunaux [1].

Il est facile de fixer, dans ces divers cas, la limite de la responsabilité de l'instituteur.

La jurisprudence et les auteurs sont d'accord pour reconnaître que le droit de correction dont les père et mère sont investis à l'égard de leurs enfants et qu'ils sont censés déléguer aux maîtres et instituteurs permet à ceux-ci de leur infliger de légères punitions corporelles. (V. exposé des motifs de Réal sur l'article 375 du Code civil ; Dalloz, C. P. annoté sur l'article 371, p. 439 ; Magnin, Traité des minorités, t. II, p. 231 ; Blanche, Théorie du Code pénal, t. IV, p. 594 ; Sourdat, Traité de la responsabilité, t. II, nº 273.)

Cependant ce droit de correction ne saurait aller jusqu'à autoriser ceux qui l'exercent à mettre en péril la santé de leurs élèves. Et les violences exercées par le maître sur un enfant peuvent, selon leur degré de gravité, constituer le délit de coups et blessures réprimé

---

1. Chez nous les châtiments corporels sont interdits ; les maîtres ne doivent y recourir sous aucun prétexte. Au contraire dans presque toute l'Europe les châtiments corporels sont en usage. En Allemagne, il est de règle que l'on peut frapper mais non blesser ; c'est toujours le règlement consistorial publié en 1573 par Joachim de Brandebourg qui inspire les règlements scolaires en matière de discipline : « Les maîtres ne se comporteront pas à l'égard des élèves comme des tyrans. S'ils recourent à la verge, ce sera avec modération et prudence, sans pouvoir les blesser et nuire à leur santé. »

par l'article 311 du Code pénal (V. Cassation, 17 janvier 1879, D. P. 79, 2, 169), ou simplement des violences légères tombant sous le coup de l'article 605 du Code de brumaire an IV, non abrogé par l'article 311 du Code pénal (loi du 13 mars 1863) (V. en ce sens Cassation, 7 janvier 1881, D. P. 81, 1, 278).

Le tribunal de simple police d'Amiens a jugé que des corrections manuelles même sans gravité peuvent prendre le caractère de violence légère rentrant dans les prévisions de la loi de brumaire, lorsqu'elles sont fréquemment appliquées aux mêmes enfants et moins dans un but de discipline et de nécessité que sous l'empire de la colère.

La Cour de cassation, par un arrêt du 13 janvier 1889, a décidé que le juge de police a pu légalement déclarer inapplicable à une institutrice, directrice d'école maternelle, l'article 605 du Code des délits et des peines du 3 brumaire an IV disposant que « sont punis des peines de simple police les auteurs de voies de fait et de violences légères, pourvu qu'ils n'aient blessé ni frappé personne », et relaxer celle-ci de la poursuite dirigée contre elle, lorsque le reproche dont elle était l'objet consistait dans le fait d'avoir puni une enfant en la faisant asseoir sur une chaise, les mains attachées derrière le dos avec son foulard de cou et les pieds reliés au bâton de la chaise à l'aide de son mouchoir de poche.

Mais la Cour de cassation a décidé dans les mêmes affaires que la voie de fait existe, au contraire, et qu'il y a lieu, par suite, à l'application de l'article 605 de la loi du Code de brumaire an IV, lorsque le juge de police constate qu'une enfant a eu les mains liées derrière le dos, qu'elle a été attachée à une table pendant un assez long temps et qu'elle a été aspergée par deux fois d'eau froide, de manière à rester avec des vêtements mouillés.

Cette double décision de la Cour de cassation, rendue à l'occasion de faits différents, repose sur cette distinction que la punition peut ou non avoir été considérée comme nécessitée par la conduite de l'élève et pour la bonne tenue de l'école.

Nous citerons en dernier lieu une décision de la cour de Douai : Les voies de fait exercées sur un de ses élèves par un instituteur qui, en raison de leur absence absolue de gravité et des circonstances dans lesquelles elles ont été exercées, paraissent n'avoir été que de simples mesures de correction, rentrent dans la limite des pouvoirs délégués par le père de famille à l'instituteur choisi par lui. (Douai, 17 juillet 1882; Gaz. Pal. 83, 2, 120; 2e partie.)

Mais si le châtiment corporel avait le moindre caractère de gravité, l'instituteur ne pourrait invoquer, pour dégager sa responsabilité, cette circonstance qu'il avait reçu des parents de l'élève l'autorisation et même la recommandation d'agir comme il l'a fait.

En résumé :

Les règlements interdisent toute voie de fait contre les élèves.

En dehors de la responsabilité vis-à-vis de l'administration, l'instituteur peut être condamné correctionnellement par les tribunaux.

Cependant une légère punition corporelle sans gravité, n'altérant pas la santé de l'enfant, infligée sans esprit de colère et dans l'intérêt de l'enfant aussi bien que pour la bonne tenue de l'école, a pu être regardée par les tribunaux comme l'exercice de la délégation de la puissance paternelle faite par le père de famille à l'instituteur. Néanmoins, étant donnée l'interdiction absolue de toute punition corporelle, par les règlements scolaires, le maître qui y contrevient est exposé aux plus graves critiques.

Accidents. — Si un accident arrive à un enfant confié à la garde et aux soins de l'instituteur, celui-ci est responsable dès qu'une faute, même légère, est relevée contre lui. Une faute même postérieure à l'accident et qui aurait compromis la santé de l'élève : le défaut de soins, le retard à prévenir la famille ou à appeler un médecin, engagerait sa responsabilité.

Le maître doit prévoir l'imprudence de l'enfant et le prévenir contre ses propres entraînements. On impose cette obligation au patron quand il s'agit de ses ouvriers, à plus forte raison doit-elle être imposée à l'instituteur auquel des enfants mineurs sont confiés. Il doit les surveiller en toute circonstance, plus particulièrement dans les promenades, au dehors, et pendant les exercices gymnastiques. Mais encore faut-il, pour qu'il soit responsable, qu'il y ait une faute, par exemple un défaut de surveillance de sa part. Il n'y a évidemment aucune prudence humaine qui puisse empêcher un enfant de se livrer à un jeu dangereux et de se blesser. Il suffit, pour échapper à la responsabilité civile, que le maître ait interdit ce jeu et ait exercé une exacte surveillance.

Le maître peut être déclaré responsable s'il laisse à la portée des enfants des objets de nature à les blesser : armes, outils, instruments dangereux.

Le tribunal de Hazebrouck a condamné en 1879 à 2,000 francs de dommages-intérêts un professeur de chimie qui avait jeté dans la cour du collège un mélange d'eau et de phosphore avec lequel un élève s'était grièvement brûlé les mains.

Dans certaines écoles on autorise le dimanche la réunion de sociétés de tir. Le fait d'avoir laissé déposer dans l'école des cartouches qui auraient été dérobées par des enfants, et qui auraient produit des accidents, engagerait la responsabilité du maître.

L'usage s'est encore établi, dans les grandes villes, d'ouvrir le soir les écoles à des cours faits par des associations privées, et même à des réunions publiques ou privées. La détérioration du mobilier ou même du local peut amener des accidents dont les directeurs pourraient être responsables s'ils n'ont pas surveillé et examiné l'état du matériel après la réunion.

De même lorsque des travaux sont exécutés dans les bâtiments ou les cours de l'école, le maître doit prendre des précautions pour que ces travaux, la présence des ouvriers ou de leurs outils, ne puissent nuire aux enfants.

Le maître ne sera pas responsable des cas fortuits ou de force majeure, par exemple : rupture d'un crochet qui paraissait solide au cours d'exercices gymnastiques. (Lejeal, *Annuaire de l'enseignement primaire*, 1887.)

Maladie contagieuse. — Le maître n'est pas en principe responsable de la maladie contagieuse transmise d'un enfant à un autre enfant. D'une part, il n'a pas toujours la compétence nécessaire pour distinguer une maladie qui peut n'être pas apparente; d'autre part, il existe une inspection médicale qui a été organisée spécialement pour signaler les cas de contagion.

Cependant le maître peut avoir été imprudent, soit en n'exigeant pas de certificat du médecin, après qu'un de ses élèves a été atteint à sa connaissance d'une maladie contagieuse, soit en négligeant de signaler une maladie dont il a pu s'apercevoir ou qui lui a été signalée à lui-même, et, dans ces circonstances, sa responsabilité se trouverait engagée.

Il est une autre contagion qui peut se produire dans les écoles, c'est celle des mauvaises mœurs et des mauvaises habitudes. A cet égard l'attention du maître doit être toujours en éveil; il pourrait être responsable de son défaut de vigilance s'il n'avait pas vu ce qu'il devait voir; de sa négligence, si, ayant acquis la certitude de faits de cette nature, il n'avait pas pris les mesures d'isolement et les autres précautions nécessaires, par exemple, prévenu la famille et les autorités scolaires.

Mauvais vouloir du maître. — Il peut arriver qu'un père de famille fasse grief à l'instituteur d'un prétendu mauvais vouloir à l'égard de son enfant, qu'il lui reproche un refus systématique de l'instruire, qu'il l'accuse de le priver de récompenses méritées ou de l'avoir volontairement exclu de la présentation à l'examen du certificat d'études. Il n'est pas impossible qu'un pareil procès soit porté devant les tribunaux, mais il est douteux que la justice retienne des faits de cette nature, qui paraissent ne pouvoir être soumis qu'à l'appréciation des autorités académiques ou municipales.

En résumé, l'instituteur est responsable de sa faute, même très légère, mais n'est responsable ni du cas fortuit, ni de la force majeure. Ajoutons que la faute ne se présume pas, et qu'elle doit être établie à l'encontre de l'instituteur.

II. — *Responsabilité du fait des préposés.*

Nous avons dit que, par exception au principe général qui proclame que les fautes sont personnelles, on pouvait être responsable du fait d'autrui.

On peut être tout d'abord responsable du fait de ses préposés. C'est la disposition du paragraphe 3 de l'article 1384 du code civil : « Les maîtres et commettants sont responsables du dommage causé par leurs domestiques et préposés dans les fonctions auxquelles ils les ont employés ».

Peu importe que le commettant se soit entouré des renseignements les plus minutieux lorsqu'il a choisi son préposé; peu importe que le préposé ait agi sans ordre et sans instructions spéciales, et même au mépris de défenses formelles: la responsabilité pourra être atténuée par ces circonstances, mais elle n'en existe pas moins. La faute consiste à avoir fait choix d'un mauvais préposé.

Mais cette responsabilité est-elle applicable aux instituteurs et peut-on considérer les maîtres adjoints et les gens de service comme les préposés des directeurs d'écoles publiques et des proviseurs des lycées?

Nous ne le croyons pas : car, en réalité, ces personnes ne tiennent pas leur emploi et leur mandat du directeur, elles sont seulement mises à côté de lui, au-dessous de lui, sous sa direction et sa surveillance.

Le proviseur d'un lycée n'étant appelé à décider ni du choix, ni du nombre, ni des attributions des employés de l'établissement, ne saurait conséquemment répondre des fautes ou des défaillances de ceux-ci. (Dalloz, Code civil annoté, art. 1384.)

En effet, le rapport de commettant à préposé entre deux personnes dans le sens de l'article 1384 dépend de ces deux conditions réunies : 1° que le préposé ait été volontairement et librement choisi ; 2° que le commettant ait le pouvoir de lui donner des instructions et même des ordres sur la manière d'accomplir les actes qui lui sont confiés. Partout où l'existence de ces deux conditions sera constatée, on pourra dire hardiment que la responsabilité existe : que si l'une vient à manquer, la responsabilité cesse. (Sourdat, tome II, p. 118.)

Enfin la jurisprudence est formelle sur ce point.

La responsabilité civile du commettant n'existe qu'à la double condition que le préposé ait été choisi par le commettant, et que ce dernier puisse lui donner des ordres et exercer sur lui une surveillance effective. (Cour de cassation, chambre civile, 25 octobre 1886.)

Un jugement du tribunal de Marseille en date du 18 mars 1870 décide que « le proviseur d'un lycée n'étant appelé à décider ni du choix, ni du nombre, ni des attributions des préposés de l'établissement, ne saurait par conséquent répondre des faits ou des défaillances de ceux-ci [1] ». .

On peut donc affirmer que la responsabilité du dommage causé par les instituteurs adjoints et les gens de service ne saurait être relevée, au moins devant les tribunaux, contre les directeurs d'école. Nommés par l'État, ce sont les préposés de l'État et non du directeur. Cependant la responsabilité administrative des directeurs vis-à-vis des autorités scolaires subsiste d'une façon absolue. Ajoutons que le devoir de surveillance attentive reste imposé de la façon la plus stricte au directeur. Le défaut de surveillance serait une faute personnelle qui entraînerait la responsabilité personnelle du chef de l'établissement.

Cependant un jugement du tribunal civil d'Auxerre du 25 février 1879, confirmé par arrêt de la Cour de Paris du 16 février 1880, a décidé que le principal d'un collège communal est comme l'institu-

---

(1) Enfin il a été jugé que le concierge ou gardien d'une prison pour dettes n'est ni le domestique ni le préposé du directeur ; en conséquence, que ce dernier, s'il n'est coupable d'aucune faute, n'est pas responsable de l'évasion d'un débiteur, facilitée par le gardien, placé sous ses ordres, mais nommé par l'autorité supérieure (Paris, 2 juillet 1846).

teur civilement responsable des dommages accomplis par le professeur du collège *vis-à-vis d'enfants reçus dans son établissement.* (V. Dalloz, Répertoire, année 1881, 2e partie, p. 81 et 82.)

Ce jugement est ainsi conçu :

« En ce qui touche le principal du collège : — Attendu que la responsabilité résulte de ce qu'il a la surveillance générale de tout le personnel du collège ; qu'il doit constamment se trouver en communication avec chacun d'eux pour leur donner ses instructions selon leurs attributions respectives ; que s'il ne peut exercer cette surveillance personnelle dans chacune des parties de l'établissement, il est obligé de la faire pénétrer, au moyen de ses subordonnés, partout où il est utile qu'elle se manifeste ; qu'en vain on prétend, dans l'intérêt du principal du collège, qu'il ne nommait pas les maîtres d'étude ; que n'étant pas chargé de payer leur traitement, il ne saurait être rendu responsable de leurs actes ; que dans l'espèce, il a suffisamment accompli les obligations de ses fonctions, puisqu'un sous-maître était placé dans sa cour et chargé de surveiller les élèves au moment où l'accident est arrivé...

» Attendu qu'il n'est pas nécessaire, pour que sa responsabilité soit engagée, que la nomination du maître d'étude émane du principal et que son traitement soit acquitté par celui-ci, alors qu'il est nommé et payé à la condition de suivre les instructions du principal. »

En conséquence, le tribunal d'Auxerre a déclaré le principal responsable de l'accident arrivé à l'élève par défaut de surveillance du sous-maître.

A l'occasion de cet arrêt, Dalloz fait cette remarque que le principal comme l'instituteur a des subordonnés pour l'aider dans l'accomplissement de sa mission. Bien qu'il ne nomme pas ces derniers et qu'il ne les rétribue pas, il est investi du droit de leur donner des instructions et de les surveiller ; il a le devoir de faire exécuter par eux les règlements de discipline intérieure.

D'autre part, un jugement du tribunal de Lille avait décidé que le principal d'un collège ne saurait répondre des fautes ou des imprudences du professeur placé sous ses ordres, il est vrai, mais dont le choix ne lui appartient pas et dont les attributions, réglées par M. le Ministre de l'Instruction publique, sont absolument indépendantes de lui.

Il semble qu'il y ait une contradiction absolue entre ces décisions de justice et la doctrine que nous avons développée sur la non-responsabilité des instituteurs pour les faits des maîtres adjoints et des gens de service.

Mais la contradiction n'est qu'apparente. Les arrêts que nous venons de relater s'appliquent à des cas où le fait du sous-maître ou son défaut de surveillance avait causé un dommage à un élève. Or, en ce qui concerne les élèves, le directeur de l'école et le principal du collège restent toujours responsables, parce que c'est à eux personnellement que ces enfants sont confiés et qu'ils ne sauraient se décharger sur une autre personne de leur responsabilité: c'est donc ici un cas de responsabilité personnelle. Ils sont coupables de négligence en n'ayant pas surveillé; c'est l'application de l'article 1383.

Au contraire, quand il s'agit d'un acte du sous-maître ou de l'homme de service qui n'est pas relatif à l'élève, s'il a causé un dommage matériel ou porté préjudice à un tiers, dans ce cas, la responsabilité ne remonte pas jusqu'à l'instituteur ou au principal, car il n'est pas leur préposé dans le sens légal du mot.

III. — *Responsabilité du fait des élèves.*

La responsabilité du fait des élèves est à la fois la plus fréquente et la plus lourde qui puisse peser sur les instituteurs. Ce n'est pas sans raison qu'ils s'en préoccupent. Il y aurait un égal inconvénient à la dissimuler et l'exagérer.

Le principe est celui-ci : l'instituteur est au lieu et place du père de famille, il est responsable comme lui, et, comme lui, répond des dommages que peut causer l'enfant qui est sous sa garde.

L'article 1384 s'exprime ainsi dans ses paragraphes 4 et 5 :

« Les instituteurs et les artisans sont responsables du dommage causé par leurs élèves et apprentis *pendant le temps qu'ils sont sous leur surveillance.*

» La responsabilité ci-dessus a lieu, *à moins que les pères et mères, instituteurs et artisans ne prouvent qu'ils n'ont pu empêcher le fait qui donne lieu à cette responsabilité.* »

Il est facile de résumer le système de la loi pour la responsabilité des fautes de l'élève :

L'instituteur est substitué au père de famille.

Cette substitution dure aussi longtemps que l'enfant reste sous sa surveillance.

Il existe une présomption de faute contre l'instituteur et c'est à lui à prouver qu'il n'a pu empêcher le fait qui a causé le dommage.

Cette impossibilité établie, l'instituteur est déchargé de toute responsabilité.

L'application des paragraphes 4 et 5 de l'article 1384 n'avait donné lieu à aucune difficulté spéciale jusqu'à ces derniers temps.

Mais à la date du 23 janvier 1892, un jugement de la 10e chambre du tribunal de la Seine déclarait l'instituteur Leblanc, directeur de l'école publique de Fontenay-sous-Bois, civilement responsable des condamnations pécuniaires encourues par trois de ses élèves déclarés coupables d'avoir porté conjointement et volontairement des coups à un de leurs condisciples.

Les circonstances dans lesquelles le fait originaire s'est produit sont les suivantes : Les enfants jouaient pendant la récréation dans la cour de l'école; l'un d'eux, bousculé et frappé par trois de ses camarades, reçut un coup de pied dans le ventre; il fut ramené souffrant chez ses parents; une péritonite ne tarda pas à se déclarer, et l'enfant mourut au bout de quelques jours.

La famille assigna devant le tribunal correctionnel les pères des trois élèves qui avaient frappé leur camarade. Elle assigna en même temps le directeur de l'école.

Voici les termes du jugement rendu le 23 janvier 1892 :

« Le tribunal, attendu qu'il est établi judiciairement que les jeunes Frémont, Larquemier et Pothier ont conjointement et volontairement porté des coups au jeune Rognat en avril 1891;

» Que sur l'ordre de Frémont, Larquemier et Pothier tenaient Rognat tandis que Larquemier lui portait un coup de pied à la jambe et Frémont deux coups de pied dans le ventre;

» Que ces faits se passaient dans la cour de l'école;

. . . .

» Attendu que Leblanc, directeur de l'école, n'a pas été témoin des faits et ne saurait être reconnu coupable d'y avoir participé;

» Mais attendu qu'aux termes de l'article 1384 du Code civil, par le seul fait que des coups volontaires ont été portés à un enfant dans l'intérieur de l'école, Leblanc, directeur, doit être déclaré responsable civilement de ce délit, quelles que soient d'ailleurs *sa vigilance habituelle, son honorabilité reconnue et l'impossibilité où il paraît s'être trouvé d'empêcher les coups portés à la victime;*

» Par ces motifs :

» Renvoie Leblanc des fins de la prévention d'avoir commis un délit ou de s'en être rendu complice ;

» Déclare Frémont, Larquemier, Pothier coupables d'avoir conjointement et volontairement porté au jeune Rognat des coups qui n'ont occasionné aucune maladie ou incapacité de travail personnel de l'espèce mentionnée en l'article 309 du Code pénal ;

» Dit qu'ils ont agi sans discernement et ordonne qu'ils seront rendus à leurs parents ;

» Et statuant sur la demande en dommages-intérêts,

» Attendu que le tribunal possède les éléments pour les apprécier,

» Condamne solidairement Frémont, Larquemier et Pothier en 500 francs de dommages-intérêts envers Rognat père ;

» Déclare Leblanc civilement responsable des condamnations précitées et renvoie les parents de toute poursuite en responsabilité civile ».

Ce jugement a causé dans le personnel scolaire une émotion extraordinaire.

Le directeur Leblanc en a été ému à ce point qu'il a perdu la raison, et qu'il a dû être placé dans un asile d'aliénés.

Ceux qui n'étaient pas atteints directement, mais qui se sentaient en quelque sorte sous le coup de la jurisprudence de la 10e chambre, se sont demandé avec inquiétude si leur responsabilité était désormais sans limite et s'ils pouvaient être condamnés, non seulement pour des faits qui ne leur étaient pas personnels, mais en dépit de leur vigilance et alors qu'ils n'avaient pas pu les empêcher de se produire.

Les articles publiés dans les journaux spéciaux, notamment dans l'*Instruction primaire*, dans l'*Union pédagogique* et dans le *Manuel général de l'instruction primaire*, nous montrent à quel point ces inquiétudes ont été vives.

De leur côté l'administration de l'instruction publique et le parquet de la Seine ne sont pas restés indifférents et ont fait leur devoir.

Leblanc n'ayant pas interjeté appel dans les délais légaux, le procureur général s'est pourvu dans l'intérêt de la loi devant la cour, et c'est ainsi que la chambre des appels correctionnels a pu être saisie du débat et, sinon décharger Leblanc des condamnations prononcées contre lui, ce qui n'était pas possible vu l'irrégularité de l'appel, tout au moins reviser le jugement, en réfuter la doctrine, et affirmer les vrais principes. Le 31 mai 1892, la cour de Paris, sous la présidence de M. Dupont, président de la chambre des appels correctionnels, a rendu un arrêt infirmant la thèse juridique des magistrats de la 10e chambre, tout en confirmant cependant la décision dont était appel. Dans cet arrêt, la cour a décidé que c'est à tort que les premiers juges ont déclaré M. Leblanc civilement responsable d'un fait à l'occasion duquel aucun manque de surveillance n'avait été relevé à son encontre. Mais la cour ajoute que l'appel formé n'est pas valable, attendu qu'il n'émane pas du prévenu. En conséquence, la cour, pour une pure question de forme, a confirmé le jugement de la 10e chambre. Toutefois il est désormais juridiquement acquis qu'un instituteur ne saurait, alors qu'aucun manque de surveillance ne lui est imputé, et qu'il n'a pu empêcher l'accident, être rendu responsable des conséquences dommageables résultant de ce fait que des coups volontaires ont été portés à un enfant dans l'intérieur de l'école.

La cour, on le voit, n'a pas eu à examiner la question de fait, — elle a condamné la doctrine du tribunal; c'est là ce qui surtout importait.

De même, ce n'est pas un cas particulier que nous voulons envisager; nous voulons examiner d'une façon générale et théorique la doctrine du jugement et de l'arrêt en ce qui touche la responsabilité civile des instituteurs.

La théorie du jugement est contenue dans l'attendu suivant:

« Attendu qu'aux termes de l'article 1384 du Code civil, par le seul fait que des coups volontaires ont été portés à un enfant dans l'intérieur de l'école, Leblanc, directeur, doit être déclaré responsable civilement de ce délit, quelles que soient d'ailleurs sa vigilance habituelle, son honorabilité reconnue et *l'impossibilité où il paraît s'être trouvé d'empêcher les coups portés à la victime.* »

Or l'article 1384 dit : « *La responsabilité a lieu, à moins que les pères et mères, instituteurs et artisans ne prouvent qu'ils n'ont pu empêcher le fait qui donne lieu à cette responsabilité.* » Dès lors la décision de la 10e chambre ne pouvait se justifier.

Le jugement proclame non seulement la *vigilance habituelle* et l'*honorabilité* de Leblanc, mais dans le cas particulier il ajoute qu'il paraît avoir été (c'est-à-dire qu'il a été) *dans l'impossibilité d'empêcher les coups portés à la victime.* Donc il reconnaît *que Leblanc n'a pu empêcher le fait qui donne lieu à la responsabilité.*

La preuve que l'instituteur avait à faire, le tribunal la regarde comme faite et, néanmoins, affirme sa responsabilité.

Cette affirmation va à l'encontre du texte de l'article 1384 et constitue une aggravation aux responsabilités légales, en supprimant en quelque sorte le droit qu'a l'instituteur de se décharger dans le cas spécifié par la loi.

Le jugement fait de la présomption de la loi une présomption *juris et de jure* qui n'admet pas la preuve contraire, tandis qu'il s'agit d'une présomption *juris tantum* qui comporte la preuve contraire. Le tribunal avait donc statué contrairement aux derniers mots si formels du dernier paragraphe de l'article 1384.

Cette solution était inacceptable.

La situation de l'instituteur est déjà difficile à raison de la présomption de faute que la loi établit contre lui. Bien souvent il ne pourra pas faire la preuve contraire. Si la théorie du jugement de la 10ᵉ chambre du tribunal correctionnel de la Seine avait été maintenue, si l'instituteur était déclaré responsable, dans tous les cas, par le seul fait que les coups ont été portés dans l'intérieur de l'école, alors même qu'il a fait son devoir et qu'il est reconnu qu'il n'a pu empêcher le dommage, sa situation deviendrait tout à fait impossible à tenir.

Cette solution était également antijuridique.

Les travaux préparatoires, la doctrine et la jurisprudence sont d'accord sur l'application du dernier paragraphe de l'article 1384.

« Si les pères, mères, instituteurs ou artisans parviennent à prouver qu'ils ont été dans l'impossibilité d'empêcher le fait dont on se plaint, alors la garantie disparaît, parce que l'impossibilité bien constante équivaut à la force majeure qui ne donne ouverture à aucune action au profit de celui qui en est la victime. » (Extrait du rapport fait au Tribunal par le tribun Bertrand de Greuille, séance du 16 pluviôse an XII.)

« La présomption de faute cesse à l'égard de tous s'ils peuvent prouver qu'ils n'ont pu empêcher le fait qui donne lieu à la responsabilité. La responsabilité ne peut en effet atteindre ceux qui sont exempts de tout reproche.» (Extrait du discours du tribun Tarribe, séance du 19 pluviôse an XII.)

La doctrine n'est pas moins précise. Dans son Répertoire, Dalloz pose ainsi le principe :

Les instituteurs sont responsables du dommage causé par leurs élèves pendant le temps qu'ils sont sous leur surveillance, à moins qu'ils ne prouvent qu'ils n'ont pu empêcher le fait qui donne lieu à cette responsabilité. (Jurisprudence générale. Responsabilité, nº 705.)

Il ajoute, nº 709 : La responsabilité de l'instituteur n'est pas encourue toutes les fois qu'il prouve qu'il n'a pu empêcher le dommage causé.

Enfin, n° 576 : La partie lésée doit établir la preuve du fait et le maître celle de l'impossibilité qui fait son excuse.

De son côté la jurisprudence consacre cette doctrine. La cour de Nancy (Voir *Gazette du Palais*, 1888.2.415 et 1890.1.448) a décidé que la responsabilité de l'instituteur cesse lorsque, malgré toute sa vigilance, il n'a pu empêcher le fait donnant lieu à cette responsabilité :

« Attendu, en droit, que si, aux termes de l'article 1384, § 4, du Code civil, les instituteurs sont responsables du dommage causé par leurs élèves pendant le temps qu'ils sont sous leur surveillance, ce principe, qui établit à la charge des instituteurs une présomption légale de responsabilité, fléchit néanmoins, aux termes du dernier paragraphe du même article, lorsque l'instituteur prouve que, malgré toute sa vigilance, il n'a pu empêcher le fait donnant lieu à cette responsabilité. »

Le jugement constate qu'un règlement intérieur porté à la connaissance des élèves interdisait le jet de pierre, et que les récréations étaient scrupuleusement surveillées; que dans ces circonstances, en dehors de toute querelle ou discussion, un enfant, auquel on ne pouvait soupçonner aucun défaut particulier qui nécessitât une surveillance spéciale, a tout à coup saisi un morceau d'ardoise qu'il a lancé en l'air et qui est venu atteindre à l'œil l'un de ses camarades.

La cour conclut en disant que ces circonstances démontrent surabondamment que les instituteurs n'ont pu empêcher le fait dommageable et les renvoie des fins de la plainte.

Le tribunal civil de la Seine avait déjà décidé, à l'occasion d'un accident survenu à un enfant pendant une récréation, que le maître n'est pas responsable s'il n'y a pas eu défaut de surveillance tel qu'il ait pu être considéré comme une impéritie professionnelle :

« L'accident arrivé à un élève qui, en jouant avec un camarade, est venu imprudemment traverser à la course le lieu des exercices du gymnase durant la mise en mouvement d'une escarpolette et a été atteint par celle-ci, est imputable à un fait personnel de l'enfant, et ne saurait, dès lors, engager la responsabilité de l'instituteur, qui *n'aurait pu l'empêcher avec la surveillance la plus active.* »

Dans l'espèce l'enfant avait été tué. Il était établi par les débats que les deux enfants avaient commencé à jouer assez loin du gymnase, et que c'est en cherchant à échapper à la poursuite de· son camarade que la victime était venue se jeter dans l'escarpolette. (Jugement du tribunal civil de la Seine, 23 avril 1879; Dalloz, 1869, 5ᵉ partie, p. 341.)

Notons également un jugement du tribunal civil de la Seine du 22 avril 1869 (V. Dalloz 69, 5, 341), qui décide qu'un maître (dans l'espèce, un proviseur de lycée) n'est pas responsable si pendant une récréation un enfant en blesse un autre en jetant une pierre, alors que toutes précautions ont été prises et que le préposé n'a pu empêcher l'accident.

Un arrêt de la cour d'Aix (V. Dalloz 72, 2, 141) a déclaré le maître excusable au cas où l'enfant est dans l'institut depuis peu de temps et où le maître n'a pu exercer sur lui une surveillance assez continue pour modifier son caractère ; l'annotateur estime qu'il faut reporter la responsabilité au père, qui, antérieurement, a mal élevé l'enfant. (V. Dalloz, Jurisprudence générale : Vices rédhibitoires, n° 236.)

Mais la responsabilité du maître serait engagée, si la mauvaise surveillance des élèves pendant leurs jeux accusait de la part de l'instituteur une impéritie professionnelle. (Dalloz, Jurisprudence générale : Responsabilité, n° 166, 125 et suivants.)

L'instituteur ne saurait invoquer pour sa décharge le simple fait du bas âge de l'enfant, de sa désobéissance ou les difficultés de sa tâche. M. Sourdat s'exprime sur ce dernier point d'une façon très nette :

« Il peut arriver que le délit soit commis en la présence du maître, qui n'aurait pas eu assez d'autorité sur ses élèves pour les arrêter. Cette insubordination est parfois imputable à l'instituteur. Les fonctions qu'il remplit ne sont pas sans présenter de grandes difficultés ; il a dû éprouver ses forces avant de les embrasser et d'amener sur lui la responsabilité qu'elles entraînent. Si son caractère, si quelque défaut de son esprit ne le rendait pas propre à maintenir, parmi les élèves qui lui sont confiés, une exacte discipline, qu'il renonce à cette rude tâche. Il s'exposerait aux plus grands inconvénients.

« La faiblesse, l'impéritie de celui qui entreprend une chose au-dessus de sa capacité ou de ses forces, loin d'être une excuse du dommage qu'il cause, même sans le vouloir, le constituent en faute et engagent sa responsabilité. L'instituteur est soumis comme les autres à cette règle. Les tribunaux apprécieront si elle doit lui être appliquée ou si au contraire le défaut d'obéissance qu'il a subi tient à des causes étrangères, à cette effervescence de la jeunesse que l'éducation la plus éclairée, la plus soignée ne peut pas toujours amortir, qui rompt parfois toutes les digues et dont les éclats sont souvent si dangereux. » (*Traité de la Responsabilité*, 2e partie, p. 112.)

En résumé : Il existe une présomption légale de faute de l'instituteur. Mais celui-ci peut faire tomber cette présomption par la preuve contraire.

Non seulement l'instituteur peut établir que l'accident est avant tout le résultat d'un cas fortuit ou de la force majeure.

Non seulement l'instituteur peut démontrer que l'enfant a été victime de sa propre imprudence bien plus que de la faute de son camarade.

Mais l'instituteur peut faire résulter l'impossibilité matérielle ou morale où il s'est trouvé d'empêcher l'accident de toutes circonstances tendant à prouver qu'il n'est pas en faute, qu'il n'a manqué ni à l'observation des règlements ni à ses devoirs de surveillance particulière et générale; que d'autre part il a pris toutes les précautions que lui imposaient ses fonctions.

Spécialement, son absence ne peut être regardée par elle seule comme une faute, s'il était remplacé par un instituteur adjoint.

Il n'est pas responsable des mouvements spontanés dus à l'effervescence de la jeunesse et qu'on ne peut prévoir, et alors que le surveillant n'a pu empêcher le fait. Il peut, alors qu'il s'agit d'un élève nouveau, invoquer utilement cette circonstance qu'il n'a pas été prévenu des défauts de l'enfant et n'a pas eu le temps d'étudier son caractère. Toutefois, il ne peut se décharger de toute responsabilité en invoquant le bas âge de l'enfant, sa désobéissance ou les difficultés de sa tâche d'instituteur.

La faute antérieure et le défaut de surveillance générale de l'instituteur entraînent sa responsabilité, alors même que dans le cas particulier il n'aurait pu empêcher l'accident.

Ainsi restreinte, la responsabilité civile du fait des élèves a paru néanmoins inacceptable à certains instituteurs. Les uns ont réclamé une législation nouvelle, la revision des articles du Code sur la responsabilité en ce qui les concerne; d'autres ont soutenu que l'article 1384 ne devait pas s'appliquer aux instituteurs publics tels qu'ils existent aujourd'hui depuis la loi sur l'enseignement obligatoire.

On dit : L'article 1384 a été promulgué avec le titre IV du Code civil en l'année 1804. A cette époque il n'existait pas d'instituteurs publics à proprement parler, l'enseignement primaire n'était pas créé. On ajoute que le motif de la responsabilité de l'instituteur comme du commettant, c'est qu'il a pu choisir son élève ou son commis, c'est qu'il a le droit de le renvoyer. Or, dans notre législation scolaire, surtout depuis la loi de 1882 sur l'obligation, le maître ne choisit pas ses élèves, ce sont les parents qui choisissent leur école, parfois même c'est le maire qui fait l'inscription d'office. L'instituteur n'a donc aucune faculté d'accepter ou de refuser l'enfant, et n'a pas davantage le droit de le renvoyer, car l'assiduité à l'école est obligatoire et le maître en doit compte à la commission scolaire.

On peut répondre : La loi, en parlant des instituteurs, n'a fait aucune distinction ; elle a visé les instituteurs à venir aussi bien que les instituteurs présents. Dans sa pensée, le mot « instituteur » s'applique à toute personne chargée de diriger, de surveiller et d'instruire un enfant. La responsabilité du fait d'autrui repose sur une obligation de surveillance. Le législateur a voulu qu'en toute circonstance il y eût quelqu'un de responsable à l'égard des tiers : le père, le tuteur, l'artisan ou l'instituteur.

On ne saurait conclure non plus de ce fait que l'instituteur ne peut ni refuser ni renvoyer un enfant indiscipliné, qu'il est dégagé de toute responsabilité des dommages causés par cet enfant. C'est la loi qui, dans un intérêt supérieur, a réglé cette situation ; l'instituteur l'a connue en acceptant ses fonctions, et les lois postérieures de 1882 et 1886, qui sont des lois spéciales, ne peuvent être considérées comme ayant abrogé tacitement une disposition d'intérêt général et d'ordre public.

A coup sûr la situation qui est faite à l'instituteur est difficile. Les tribunaux devront prendre en considération l'obligation qui s'imposerait à l'instituteur de subir un mauvais sujet, pour atténuer sa responsabilité. D'autre part, l'État complétera l'ensemble de ses lois sur l'enseignement primaire en créant des *classes de réforme*, telles qu'elles existent en Belgique[1]. Enfin, lorsque l'instituteur ne

---

1. Il n'apparaît pas qu'il existe d'institutions de cette nature dans d'autres pays à l'étranger. Les *Industrial Schools* d'Angleterre sont plutôt des écoles d'un caractère particulier que des maisons de détention.

Les dispositions de la législation scolaire étrangère relative à la responsabilité civile des instituteurs ne prévoient pas le cas où il serait utile d'éloigner de l'école par mesure préventive un enfant dont le contact peut être dangereux pour ses condisciples. Ce n'est que lorsqu'un délit a été commis que l'autorité judiciaire intervient pour ordonner l'envoi de l'enfant dans une maison de correction.

On pourra néanmoins consulter sur cette question au Musée pédagogique les ouvrages suivants :

pourra faire la preuve juridique de l'impossibilité où il s'est trouvé d'empêcher l'accident, et qu'il sera vraisemblable qu'il n'a pas manqué à son devoir, il nous semble que l'Etat devra de son côté ne pas l'abandonner, mais au contraire le couvrir en prenant à sa charge le paiement de l'indemnité. Cependant on ne saurait porter atteinte au principe de responsabilité de l'instituteur. Modifier la loi à cet égard, établir une distinction entre les instituteurs publics et les instituteurs privés, ce serait énerver la discipline dans nos écoles, enlever aux familles les garanties auxquelles elles ont droit, et constituer les établissements publics à l'état d'infériorité vis-à-vis des établissements privés. Les instituteurs ont le sentiment de leur dignité, ils n'y voudraient pas consentir.

Un seul grief des instituteurs contre l'article 1384 du Code civil nous paraît fondé, c'est la présomption de faute établie contre eux dans le dernier paragraphe de cet article. Une modification législative pourrait intervenir sur ce point, mais elle devrait s'appliquer sans distinction à tous les instituteurs publics ou privés.

IV. — Durée de la responsabilité du fait d'autrui.

Pour être complet sur la responsabilité des instituteurs en cas d'accidents causés par leurs élèves, il est nécessaire d'examiner à quel moment existe et à quel moment cesse cette responsabilité.

Elle dure pendant tout le temps que le maître a l'enfant sous sa surveillance.

Das Volksschulwesen in preussischen Staate von Schneider und C. von Bremen (paragraphes relatifs aux punitions à l'école).

A treaty on the Elementary Education.

Acts (1870-1891), by W. Mackenzie (Voir ce qui concerne les *Industrial Schools*).

Papers on preventive, correctional and reformatory institutions: and agences in different countries by H. Barnard.

Reformatory schools for the Children of the perishing and dangerous classes by Marc Carpenter.

Ideas sobre educacao correccional, par Ferreira Deusdado.

La science pénitentiaire au Congrès de Stockholm, par Desportes et Lefébure.

Les Institutions établies en Danemark pour la protection de l'enfance abandonnée ou coupable, par S. Hennings.

En effet, l'enfant, n'étant plus sous la garde de ses parents, passe sous celle du maître. La responsabilité de celui-ci subsiste tant que l'enfant est à l'école.

Le principe est indiqué dans le discours prononcé par le tribun Tarribe au Corps législatif dans la séance du 19 pluviôse an XII :

« La surveillance ne peut s'exercer qu'autant que les personnes qui y sont soumises se trouvent placées sous les yeux des surveillants. Ainsi la responsabilité du père et, à son défaut, celle de la mère, n'est engagée qu'à l'égard des enfants mineurs qui habitent avec eux. La responsabilité des maîtres et commettants n'a lieu que pour le dommage causé par leurs domestiques et préposés dans les fonctions auxquelles ils les ont employés. Celle des instituteurs et artisans ne s'exerce qu'à l'égard du dommage causé par leurs élèves et apprentis pendant le temps qu'ils sont sous leur surveillance. »

Il faut ajouter, aux heures de classe et de récréation, les promenades scolaires, voyages de vacances et colonies scolaires.

En ce qui concerne les promenades scolaires, voyages de vacances et colonies scolaires, une difficulté se présente. Elle résulte de l'article 79 du décret impérial du 15 novembre 1811, dont le texte est ainsi conçu :

« Pour les délits commis par les élèves au dehors, dans les sorties et promenades faites en commun, la partie lésée conservera le droit de poursuivre, si elle le veut, sa réparation par les voies ordinaires ; dans tous les cas l'action sera dirigée contre le chef de l'établissement auquel l'élève appartiendra, lequel chef sera civilement responsable sauf son recours contre les père et mère ou tuteur, en établissant qu'il n'a pas dépendu des maîtres de prévoir ni d'empêcher le délit. »

N'y a-t-il point là une dérogation, faite postérieurement à la promulgation du Code civil, à l'article 1384 du Code, et dans ce cas le maître n'est-il pas toujours responsable, sauf son recours contre les parents, recours ouvert seulement dans le cas où il n'a pu ni prévoir ni empêcher le délit ?

Toullier et Sourdat pensent que cette disposition, résultat d'un simple décret, n'a pu déroger au principe de l'article 1384, § 5.

Duranton et Dalloz sont d'avis contraire. Ils font remarquer avec raison que les décrets impériaux qui n'ont pas été déclarés inconstitutionnels ont force de loi, et que le décret impérial a pu prévoir un cas particulier, celui des promenades en commun, dans le but d'imposer aux instituteurs une surveillance plus rigoureuse.

Nous nous rangeons à cet avis, mais sous cette réserve que le décret de 1811, qui concerne le régime de l'Université, ne s'applique pas aux instituteurs primaires. Comme il s'agit d'une exception au droit commun, il faut appliquer le principe que les exceptions ne peuvent être étendues. Or, il résulte de l'examen de l'ensemble du décret, et notamment de ces mots « les élèves des lycées et des collèges » contenus dans l'article 76, qu'il ne s'agit en aucune façon des écoles primaires telles qu'elles existent aujourd'hui.

En dehors du séjour de l'enfant à l'école et des promenades à l'extérieur, il semble que l'instituteur soit dégagé de toute responsabilité.

En effet, lorsque l'enfant se rend à l'école et quand il revient de l'école, il est sous la responsabilité de ses parents. Cependant une double exception doit être faite pour le cas où l'enfant a été renvoyé de l'école avant l'heure du départ ordinaire des élèves; et pour le cas où l'enfant arrivé en retard à l'école aurait trouvé la porte fermée et personne pour le recevoir, à moins qu'un règlement de l'autorité compétente n'ait prescrit cette mesure.

Dans ces deux cas la responsabilité du directeur d'école peut se trouver engagée. Il est évident que l'instituteur a exposé l'enfant en le renvoyant de l'école à ses risques et périls. Il a dû prévoir que l'enfant pouvait être en butte à des accidents et qu'il ne rentrerait sans doute pas immédiatement à la maison paternelle, dans la crainte de révéler lui-même à sa famille la faute qu'il a commise en arrivant en retard à l'école ou en se faisant renvoyer avant l'heure [1].

Ces deux cas exceptés, on peut affirmer que le directeur d'école est déchargé de toute responsabilité. C'est ce qui a été décidé notamment par la cour de Grenoble :

« Lorsque les enfants ont quitté le seuil de l'école, ils cessent d'être

---

1. « Il reste un cas particulier où l'instituteur conserve nécessairement devant la loi la responsabilité des enfants, et, par conséquent, est tenu de les surveiller ou de les faire surveiller ; lorsque les élèves ne sont pas rendus à leurs familles entre les deux classes et demeurent sous sa garde, c'est lui qui en répond pendant cet intervalle, soit qu'ils restent en récréation, soit qu'ils en sortent pour aller au catéchisme. En renvoyant ces enfants seuls à l'église, en les exposant sans surveillance aux dangers de la rue, l'instituteur engagerait sa responsabilité civile, aucun règlement universitaire ne saurait l'y soustraire. »

(Circulaire du ministre de l'instruction publique, du 1er février 1881).

sous la surveillance de l'instituteur et rentrent sous celle de leurs parents qui sont responsables de leurs délits ou quasi-délits. » (Cour de Grenoble, 6 janvier 1882.)

Dans l'espèce il s'agissait d'une dispute suivie de rixe entre élèves sortis de l'école. Un enfant avait été blessé grièvement au genou d'un coup de pied et était resté boiteux.

En résumé :

L'instituteur est responsable tant que l'élève est sous sa surveillance soit à l'école, soit dans les promenades au dehors.

Il n'y a pas aggravation de responsabilité dans le cas de promenades au dehors et en commun prévues par le décret de 1811, en ce qui concerne l'instituteur primaire.

La responsabilité du maître peut être engagée s'il a renvoyé l'élève avant l'heure réglementaire de la sortie de l'école ou s'il a refusé de le recevoir parce que celui-ci arrivait en retard à l'école.

En dehors de ces cas, l'enfant sorti de l'école rentre sous la responsabilité du père de famille.

Telle est l'étendue de la responsabilité civile de l'instituteur. Cette responsabilité n'est pas absolue.

Dans certains cas que nous allons examiner, il peut exercer un recours contre le père de l'enfant auteur du dommage.

V. — Recours de l'instituteur condamné à des dommages-intérêts comme civilement responsable.

L'article 1384 prévoit la *responsabilité civile* de l'instituteur.

Or, il est de principe que la responsabilité civile n'a été établie qu'en faveur des tiers, qu'elle ne peut être invoquée que par la partie lésée ou ses ayants droit. Elle ne décharge pas de façon absolue l'auteur du fait qui a donné naissance à la responsabilité civile.

A son égard, le principe que chacun est responsable de sa faute reste applicable.

Dès lors, la question se pose de savoir si l'instituteur condamné à des dommages-intérêts à raison du fait d'un élève confié à sa surveillance pourra recourir contre ce dernier pour se faire rembourser du montant de la condamnation.

Il faut tout d'abord écarter le cas où l'enfant a agi sans discernement, où le jugement a déclaré que le fait dommageable ne lui était pas imputable : en pareil cas, c'est le fait de celui qui le dirige que la loi punit. Le recours n'est pas admissible, et c'est précisément le cas du jugement rendu par la 10ᵉ chambre civile du tribunal de la Seine dans l'affaire de l'instituteur de Fontenay-sous-Bois.

De même on ne saurait accorder l'action récursoire à l'instituteur s'il y a eu faute personnelle de sa part, et s'il est reconnu par le jugement qu'il y a eu fraude, imprudence ou négligence en ce qui le concerne; si, par exemple, il a eu le tort de laisser à la portée de l'enfant une arme, un instrument dangereux, dont celui-ci a fait un usage préjudiciable.

Enfin, il faut envisager l'hypothèse où, toute faute de l'instituteur étant écartée, le jugement reconnaît que le fait dommageable est imputable à l'élève et ne condamne l'instituteur que comme civilement responsable, en vertu de l'article 1384, § 4, du Code civil.

C'est ce qui aura le plus souvent lieu lorsque la demande en dommages-intérêts de la partie lésée se posera devant la juridiction répressive.

Si, dans cette hypothèse et contrairement à la décision récente de la 10ᵉ chambre, le tribunal déclarait que l'élève a agi avec discernement, le recours devrait être accordé à l'instituteur contre l'élève, et les parents seraient tenus d'acquitter le montant de la condamnation intervenue sur cette demande récursoire, en qualité d'administrateurs des biens de l'enfant mineur. (Sourdat, *Traité de la responsabilité*, nº 880.)

On peut enfin se demander si le recours devrait être accordé directement contre les parents.

Evidemment non.

En effet, ou bien l'instituteur ne prouve pas qu'il n'a pu empêcher le fait dommageable, et alors le père, étant dégagé du devoir de surveillance qu'il a délégué à l'instituteur, ne peut être tenu, même indirectement, du fait de l'enfant.

Ou bien, comme nous l'avons dit, l'instituteur prouve qu'il n'est pas en faute, qu'il n'a pu empêcher le fait de se produire, et l'article 1384, § 5, l'exonère de toute responsabilité.

En résumé :

En ce qui concerne le recours de l'instituteur contre l'élève : pas de recours possible s'il y a eu faute, imprudence ou négligence personnelles de l'instituteur; pas de recours non plus si l'élève est reconnu avoir agi sans discernement, car alors c'est la faute de celui qui le dirige que la loi punit.

Au contraire : recours possible contre l'élève s'il n'y a aucune faute à la charge de l'instituteur et si l'enfant est reconnu comme ayant agi avec discernement.

En ce qui concerne le recours *direct* contre les parents :

Ce recours n'est jamais admissible.

En dernière analyse, la responsabilité de l'instituteur nous apparaît comme très sérieuse, mais moins lourde qu'on ne pourrait le croire au premier abord, et facile à éviter toutes les fois qu'à l'exacte et scrupuleuse observation du règlement le maître ajoutera le souci, la préoccupation du père de famille dont il est momentanément le délégué, dont la loi lui permet d'exercer certains droits et lui impose durant un certain temps tous les devoirs.

ANNEXES

---

§ Ier

CODE CIVIL, LIVRE III, TITRE IV

DES ENGAGEMENTS QUI SE FORMENT SANS CONVENTION

Décrété le 9 février 1804 (19 pluviôse an XII) promulgué le 19 du même mois
(29 pluviôse an XII).

Chapitre II. — Des délits et quasi-délits.

1382. Tout fait quelconque de l'homme qui cause à autrui un dommage, oblige celui par la faute duquel il est arrivé à le réparer. (Voir Code civil, art. 1142, 1146, 1149, 1310.)

1383. Chacun est responsable du dommage qu'il a causé non seulement par son fait, mais encore par sa négligence ou par son imprudence. (Code civil, art. 1146.)

1384. On est responsable non seulement du dommage que l'on cause par son propre fait, mais encore de celui qui est causé par le fait des personnes dont on doit répondre, ou des choses que l'on a sous la garde.

Le père et la mère, après le décès du mari, sont responsables du dommage causé par leurs domestiques ou préposés dans les fonctions auxquelles ils les ont employés; les instituteurs et les artisans,.du dommage causé par leurs élèves et apprentis pendant le temps qu'ils sont sous leur surveillance.

La responsabilité ci-dessus a lieu à moins que les père et mère, instituteurs et artisans, ne prouvent qu'ils n'ont pu empêcher le fait qui donne lieu à cette responsabilité. (Voir Code civil, art. 372, 1953, 1997, et art. 74 du Code pénal.)

---

§ II

TRAVAUX PRÉPARATOIRES

DU CODE CIVIL

N° 1. — *Extrait du rapport fait au Tribunat par le tribun Bertrand de Greuille, au nom de la section de législation, sur la loi relative aux engagements qui se forment sans convention (Séance du 16 pluviôse an XII).*

« Tout individu est garant de son fait; c'est une des premières maximes de la société : d'où il suit que si ce fait cause à autrui quelque dommage, il faut que celui par la faute duquel il est arrivé, soit tenu de le réparer. Ce principe consacré par le projet n'admet pas d'exception; il embrasse tous les crimes, tous les délits, en un mot tout ce qui blesse les droits d'un autre; il conduit même à la conséquence de la réparation du tort qui n'est que le résultat de la négligence ou de l'imprudence. On pourrait, au premier aspect, se demander si cette conséquence n'est pas trop exagérée et s'il n'y a pas quelque injustice à punir un homme pour une action qui participe uniquement de la faiblesse ou du malheur, et à laquelle son cœur et son intention sont absolument étrangers. La réponse à cette objection se trouve dans ce grand principe d'ordre public : c'est que la loi ne peut balancer entre celui qui se trompe et celui qui souffre. Partout où elle aperçoit qu'un citoyen a éprouvé une perte, elle examine s'il a été possible à l'auteur de cette perte de ne pas la causer; et si elle trouve en lui de la légèreté et de l'imprudence, elle doit le condamner à la réparation du mal qu'il a fait. Tout ce qu'il a le droit d'exiger, c'est qu'on ne sévisse pas contre sa personne, c'est qu'on lui conserve l'honneur, parce que les condamnations pénales ne peuvent atteindre que le crime et qu'il n'en peut exister que là où l'intention de nuire est établie et reconnue. Mais ce n'est pas trop exiger de lui de l'astreindre à quelques sacrifices pécuniaires pour l'entière indemnité de ce qu'il fait souffrir par son peu de prudence et son inattention. C'est dans ce défaut de vigilance sur lui-même qu'existe la faute qu'on appelle en droit *quasi-délit*, dont il doit réparation.

» Le projet ne s'arrête pas à la personne qui est l'auteur du dommage, il va plus loin; et pour en assurer de plus en plus la juste indemnité, il autorise le lésé à recourir à ceux de qui cette personne dépend, et contre lesquels il prononce la garantie civile. C'est ainsi qu'il rend le père et la mère, après le décès du mari, responsables du tort causé par leurs enfants mineurs. Cette obligation se rattache à la puissance, à l'autorité que la loi accorde aux parents sur leurs enfants en minorité, aux devoirs qu'elle leur impose pour la perfection de leur éducation, à la nécessité où ils sont de surveiller leur conduite avec ce zèle, ce soin, cet intérêt qu'inspirent tout à la fois et le désir de leur bonheur et la tendre affection qu'ils leur portent. Au surplus, cette garantie cesse, si les enfants n'habitent pas la maison paternelle; parce que hors de là leur dépendance devient moins absolue, moins directe; l'exercice du pouvoir du père est moins assuré et sa surveillance presque illusoire.

» La même garantie est prononcée par l'article 1384 contre les instituteurs et les artisans, pour les dommages causés par leurs élèves ou apprentis pendant le temps qu'ils sont sous leur surveillance. En voici la raison : c'est que les instituteurs ou artisans remplacent alors les parents ; c'est que la loi leur délègue une portion d'autorité suffisante pour retenir les enfants et ouvriers qui sont sous leur direction dans les bornes de la circonspection et du devoir; c'est qu'ils doivent à ces enfants et ouvriers de bonnes instructions et de bons exemples; c'est qu'il faut qu'ils se garantissent de toute faiblesse envers eux, et c'est qu'enfin ils ont la faculté de renvoyer ceux d'entre ces enfants ou ouvriers qui leur paraissent pervers ou incorrigibles.

» Mais si les pères, mères, instituteurs ou artisans parviennent à prouver qu'ils ont été dans l'impossibilité d'empêcher le fait dont on se plaint, alors la garantie disparaît, parce que l'impossibilité bien constante équivaut à la force majeure qui ne donne ouverture à aucune action au profit de celui qui en est la victime. »

***

N° 2. — *Extrait du discours prononcé au Corps législatif par le tribun Tarribe, l'un des orateurs chargés de présenter le vœu du Tribunat sur la loi relative aux engagements qui se forment sans convention (Séance du 19 pluviôse an XII).*

« C'est au même principe que se rattache la responsabilité plus importante prononcée par l'article 1384 contre le père, la mère, les maîtres et les commettants, les instituteurs et les artisans, pour les dommages causés par les élèves et les apprentis. Les premiers sont investis d'une autorité suffisante pour contenir leurs subordonnés dans les limites du devoir et du respect dû aux propriétés d'autrui. Si les subordonnés les franchissent, ces écarts sont attribués avec raison au relâchement de la discipline domestique qui est dans la main du père, de la mère, du commettant, de l'instituteur et de l'artisan. Ce relâchement est une faute : il forme une cause de dommage indirecte, mais suffisante pour faire retomber sur eux la charge de la réparation. Cette responsabilité est nécessaire pour tenir en éveil l'attention des supérieurs sur la conduite de leurs inférieurs, et pour rappeler les austères devoirs de la magistrature qu'ils exercent; mais elle exigerait, dans certaines circonstances, des tempéraments qui n'ont pu échapper à la sagacité des rédacteurs du projet.

» La surveillance ne peut s'exercer qu'autant que les personnes qui y sont soumises se trouvent placées sous les yeux des surveillants. — Ainsi la responsabilité du père, et, à son défaut, celle de la mère, n'est engagée qu'à l'égard des enfants qui habitent avec eux. La responsabilité des maîtres et commettants pour le dommage causé par leurs domestiques et préposés dans les fonctions auxquelles ils sont employés, celle des instituteurs et artisans ne s'exerce qu'à l'égard des dommages causés par leurs élèves et apprentis pendant le temps qu'ils sont sous leur surveillance. Elle cesse à l'égard de tous, s'ils prouvent qu'ils n'ont pu empêcher le fait qui y donne lieu. — La responsabilité ne peut en effet atteindre ceux qui sont exempts de tout reproche; mais cet acte de justice envers eux ne dégage pas le véritable auteur du dommage ; mineur ou préposé, élève ou apprenti, il reste toujours obligé de le réparer, quelle que soit sa qualité...

» S'il y a eu faute ou imprudence, quelque légère que soit leur influence sur le dommage commis, il est dû réparation. »

§ *III*

JURISPRUDENCE

La responsabilité des instituteurs se trouve quelquefois combinée avec la responsabilité des parents ; sur ce point un peu spécial, nous croyons devoir relater deux décisions de justice :

1°) COUR DE BESANÇON, 30 juillet 1884

(*La Loi,* 31 mars 1884.)

La responsabilité du père à raison des actes commis par son enfant cesse lorsqu'il a placé cet enfant dans une maison d'éducation et substitué la surveillance de l'instituteur à la sienne.

Lorsqu'une faute est commise par un élève placé sous la surveillance du maître, la responsabilité du fait dommageable qui en résulte doit être partagée *solidairement* par cet élève et par ce maître.

Il s'agissait d'un coup de feu tiré, pendant les exercices militaires, avec une cartouche à blanc sur un condisciple que cela avait éborgné.

« Sur la solidarité :

» Attendu que s'agissant d'une faute unique commise par suite d'un défaut de surveillance et de précautions suffisantes de la part de l'instituteur, la responsabilité ne peut être partagée à l'égard de la victime, et se trouve encourue, *in solidum,* par les deux participants à cette faute unique. »

Le père administrateur légal des biens de l'auteur de l'accident a été condamné solidairement avec l'instituteur.

2°) COUR DE NANCY, 28 juillet 1888.

(*Le Droit,* n° du 2 octobre 1888.)

Cet arrêt décide que si le père d'un mineur placé comme interne dans un pensionnat ne peut être atteint par les dispositions de l'article 1384, § 2, C. Civ., jusqu'au moment où l'accident s'est produit, son fils n'habitant pas avec lui, le père peut néanmoins encourir une responsabilité tant comme administrateur légal des biens de son fils mineur que personnellement, comme civilement responsable des faits de ce dernier, si, pendant les vacances qui ont suivi depuis l'accident, le fils a omis de révéler l'événement à son père ou si, au cas où il le lui aurait révélé, le père a tardé à faire donner à la victime des soins qui auraient pu amoindrir la gravité des conséquences de cet événement (C. Civ. 1382, 83, 84).

Que si, aux termes de l'article 1385, § 4, C. Civ., les instituteurs sont responsables du dommage causé par leurs élèves, pendant le temps qu'ils sont sous leur surveillance, ce principe fléchit lorsque l'instituteur prouve que, malgré sa vigilance, il n'a pu empêcher le fait donnant lieu à cette responsabilité (C. Civ, 1384, § 5).

. . . .

Il s'agissait, dans l'espèce, d'un accident dans une cour de l'établissement des frères de Juvigny ; un élève avait blessé un de ses condisciples en lançant un morceau d'ardoise ; une cécité absolue s'en était suivie pour la victime.

La mère de la victime avait assigné :

1° L'auteur de l'accident ;

2° Son père comme civilement responsable du fait de son fils mineur (1384, C. civ., § 2) et comme administrateur légal des biens de celui-ci et tenu comme tel d'acquitter le montant des condamnations prononcées contre lui ;

3° Les instituteurs de l'école des frères de Juvigny comme civilement responsables (1384, § 4, C. civ.).

Voici les principaux attendus de l'arrêt :

« Attendu, en ce qui concerne Perriquet fils, auteur de l'accident, que le fait (celui d'avoir lancé en l'air un morceau d'ardoise) constitue une faute ou tout au moins une imprudence à la charge du jeune Perriquet qui, eu égard à son âge, était à même d'en discerner la gravité ; qu'au point de vue du préjudice causé, il incombe donc à Perriquet fils une certaine part de responsabilité, à raison de laquelle une condamnation à des dommages-intérêts doit être prononcée contre Perriquet père en sa qualité d'administrateur légal des biens de son fils mineur ;

» Attendu, d'autre part, en ce qui concerne Perriquet père personnellement, que si ce dernier ne peut être atteint par les dispositions de l'article 1384 du Code civil, puisqu'au moment où le fait s'est produit, son fils n'habitait pas avec lui, il convient néanmoins de rechercher, dans les circonstances et documents de la cause, s'il doit lui incomber une part de responsabilité non pas dans le fait de l'accident lui-même, mais dans les tristes effets dont cet accident a été la cause :

. . . .

» Attendu qu'à défaut d'une faute ou d'une négligence directe, Perriquet père est, en tous cas, responsable aux termes de l'article 1384 du même Code d'une faute ou d'une négligence commise par son fils mineur pendant qu'il habitait chez lui ; qu'en effet, peu de jours après l'accident en question, Perriquet fils est venu passer chez son père les vacances de Pâques et que tout faisait à Perriquet fils un devoir de

·révéler à son père l'accident dont il avait été l'auteur, puisque cet accident exigeait impérieusement que l'on vînt sans retard au secours de l'appelante :

» Que de deux choses l'une, ou Perriquet fils a immédiatement révélé le fait à son père, et dans ce cas ce dernier est en faute d'avoir longtemps tardé à donner et définitivement refusé le secours nécessaire ; — ou Perriquet fils n'a pas révélé le fait à son père, et dans ce cas le fils s'est rendu coupable, pendant qu'il habitait avec son père, d'une nouvelle faute, ou tout au moins, d'une négligence dont Perriquet père est civilement responsable aux termes de l'article 1384 ;

» Attendu en droit que si, aux termes de l'article 1384, § 5, du Code civil, les instituteurs sont responsables du dommage causé par leurs élèves pendant qu'ils sont sous leur surveillance, ce principe qui établit à la charge des instituteurs une présomption légale de responsabilité, fléchit néanmoins, aux termes du dernier paragraphe du même article, lorsque l'instituteur prouve que, malgré toute sa vigilance, il n'a pu empêcher le fait donnant lieu à cette responsabilité. »

L'arrêt constate que l'école était bien tenue, la surveillance normale, qu'un règlement intérieur interdisait de jeter des pierres, que rien dans le caractère de Perriquet fils ne pouvait faire prévoir l'acte auquel il s'est livré.

———

Nous avons donné le texte du jugement rendu par la 10ᵉ chambre du Tribunal correctionnel de la Seine, le 23 janvier 1892, dans l'affaire du directeur Leblanc, de Fontenay-sous-Bois ; il convient de reproduire l'arrêt de la Cour dans la même affaire :

COUR D'APPEL DE PARIS (Ch. corr.).

Présidence de M. Dupont.

Audience du 31 mai 1892.

RESPONSABILITÉ CIVILE. — INSTITUTEUR. — COUPS PORTÉS A UN ENFANT DANS L'INTÉRIEUR DE L'ÉCOLE. — ART. 1384 C. CIV. — NON RESPONSABILITÉ.

Le directeur d'une école ne saurait être déclaré responsable des conséquences dommageables résultant de ce fait que des coups volontaires ont été portés à un enfant dans l'intérieur de l'école, lorsqu'il est établi qu'il a rempli tous ses devoirs de bonne direction, qu'il a tout fait pour prévenir les coups, mais qu'il s'est trouvé dans l'impossibilité de les empêcher.

(*Gazette du Palais*, 10 juillet 1892.)

Le procureur général a frappé d'appel le jugement du Tribunal correctionnel de la Seine du 23 janvier 1892, rapporté *Gaz. Pal.* 92.1.188, qui avait déclaré le sieur Leblanc, directeur d'école, responsable de coups portés à un enfant par ses camarades, dans l'intérieur de l'école. Le sieur Leblanc n'ayant pas frappé d'appel cette décision, la Cour a rendu l'arrêt suivant :

« LA COUR,

» Considérant que des constatations du jugement et des débats il résulte que les blessures dont le jeune Rognat a été atteint en avril 1891, ont été la conséquence des coups portés par ses camarades Larquemier, Fromont et Pothier; que ces coups ont été portés dans une des cours de l'école communale de Fontenay-sous-Bois, où les élèves étaient réunis, pendant la récréation, sous la garde de deux maîtres chargés par Leblanc de les surveiller; que ces maîtres n'avaient jamais manqué de remplir à cet égard les devoirs qui leur étaient imposés; que, d'autre part, on ne peut reprocher aux trois prévenus, déclarés coupables par le Tribunal, des défauts de caractère exigeant une surveillance plus rigoureuse; qu'enfin aucune discussion ou querelle apparente n'a précédé les coups et que ceux-ci ont été portés avec une rapidité telle qu'ils devaient nécessairement, par leur caractère imprévu, échapper aux regards les plus attentifs et déjouer la surveillance la plus active; que ces circonstances démontrent surabondamment que Leblanc, qui avait rempli tous ses devoirs de bonne direction, n'aurait pas dû être déclaré responsable d'un délit de coups qu'il avait tout fait pour prévenir et qu'il n'a pu empêcher; que le Tribunal, tout en reconnaissant « l'impossibilité » où Leblanc paraît s'être trouvé d'empêcher les coups, l'a cependant déclaré civilement responsable et condamné solidairement avec les prévenus à payer 500 francs à titre de dommages-intérêts à la partie civile; qu'il a ainsi méconnu la disposition du dernier alinéa de l'article 1384 C. civ.;

» Mais considérant qu'en l'absence d'appel de la part de Leblanc et sur le seul appel du Ministère public, il n'appartient pas à la Cour de décharger Leblanc d'une condamnation en dommages-intérêts qui a acquis l'autorité de la chose jugée vis-à-vis de la partie civile;

» Par ces motifs :

» Sans s'arrêter ni avoir égard aux conclusions prises par Leblanc, lesquelles sont rejetées comme mal fondées, met l'appellation à néant, ordonne que ce dont est appel, sortira son plein et entier effet;

» Condamne Leblanc aux frais d'appel;

» Déclare la partie civile responsable des frais avancés par le Trésor, sauf son recours de droit. »

BIBLIOGRAPHIE

Ouvrages à consulter

Sourdat. — *Traité général de la responsabilité et de l'action en dommages-intérêts*, 2 vol. in-8°.

Dalloz. — *Code civil annoté*, sous les articles 1382, 1383 et 1384.

Id. — *Répertoire général de jurisprudence*, au mot : *Responsabilité*, n°s 125 et suivants.

Aubry et Rau. — *Cours de droit civil français*, t. IV.

Magnin. — *Traité des minorités*.

Demolombe. — *Cours de droit civil*, t. XXXI.

Laurent. — *Cours de droit français*, t. XX.

Larombière. — *Des obligations : sur les articles 1382, 1383, 1384*.

Ch. Sainctelette. — *De la responsabilité et de la garantie*.

Fromageot. — *De la faute, comme source de la responsabilité en droit privé*.

Demante et Colmet de Santerre. — *Cours analytique de droit civil*, t. V.

A. Decourteix. — *De la responsabilité du père de famille*. Paris, 1878.

Annuaire de l'enseignement primaire public, par M. Jost, inspecteur général de l'instruction publique. Voir « La responsabilité civile de l'instituteur », article de Gustave Lejeal, année 1887.

Léon Vaquez. — *Rapport à la Société pour l'étude des questions d'enseignement primaire* (Extrait du Bulletin du 15 novembre 1887) : « De la responsabilité des maîtres en cas d'accidents survenus aux enfants dont ils ont la garde. »

Henri Joly. — *La question des enfants*. Voir la Revue, *le Correspondant*, n°s du 10 octobre 1891 et suivants. Voir également son rapport au Ministre de l'Instruction publique.

L'Instruction primaire, journal d'éducation, 27 mars 1892 : « De la responsabilité civile des instituteurs », par P. F., docteur en droit.

L'Union pédagogique française, mars et mai 1892 : « De la responsabilité des instituteurs », par R. Pinset.

Le Siècle, 7 juin 1892 : « La responsabilité des instituteurs », par L. Lestumier.

Le XIXe Siècle, juin 1892 : Articles de M. Millerand, député.

Le Volume, journal scolaire, 2 juillet 1892 : « La responsabilité civile des instituteurs », par Charles Dupuy, député de la Haute-Loire.

Manuel général de l'Instruction primaire, 27 février 1892 : « La responsabilité de l'instituteur » ; — 11 juin 1892, « L'affaire Leblanc », par M. Félix Martel.

Bulletin pédagogique des instituteurs de Loire-Inférieure, 30 avril 1892 : « Résolutions votées au Congrès de Saint-Nazaire. (Commission des délégués du Cercle pédagogique), sur la responsabilité des instituteurs ».

La Tribune des instituteurs de Seine-et-Marne, juillet 1892 : « Projet de vœu présenté par MM. Picard et Lamirault, au conseil départemental de Seine-et-Marne. »

TABLE ANALYTIQUE

TABLE DES MATIÈRES

IMPRIMERIE CENTRALE DES CHEMINS DE FER.
IMPRIMERIE CHAIX, RUE BERGÈRE, 20, PARIS. — 20620-10-92. — (Encre Lorilleux).